STRATEGIE HANDLU KONTRAKTAMI TERMINOWYMI

WAYNE WALKER

SPIS TREŚCI

WPROWADZENIE

Gratuluję Ci wejścia w posiadanie osobistej kopii książki *'Strategie Handlu Kontraktami Terminowymi'*. Książka ta pomoże Ci się przygotować do rozpoczęcia korzystania z kontraktów terminowych jako instrumentu handlowego. Omówimy w niej sprawdzone techniki wejścia w transakcje terminowe wraz ze strategią analizy technicznej potrzebną do ich realizacji.

Książka dotyczy przede wszystkim handlu kontraktami terminowymi, jednak rynek kontraktów terminowych może podlegać i często podlega wpływom innych rynków. W kolejnych rozdziałach przyjrzymy się tym rynkom indywidualnie, a w ostatnim rozdziale zapoznamy się z funduszami ETF, czyli jednym z najważniejszych i najbardziej użytecznych produktów stworzonych dla inwestorów indywidualnych w ostatnich latach.

Na rynku jest mnóstwo książek, dlatego tym mocniej Ci dziękuję za wybranie właśnie tej.

ROZDZIAŁ 1:
Przegląd Kontraktów Terminowych

Prawdopodobnie słyszałeś od znajomych lub w mediach traderów czerpiących zyski z rynku kontraktów terminowych i mogłeś wówczas zadawać sobie pytanie, czy Ty również byłbyś w stanie czerpać zyski z tych globalnych wahań cen. Odpowiedź brzmi tak, Ty również możesz być częścią rynku kontraktów terminowych mając swój rachunek obrotowy.

Rynek kontraktów terminowych jest ekscytujący i szeroki, ponieważ umożliwia handel kontraktami terminowymi na wszystko, od bawełny i cukru po stopy procentowe i energię. Nie jesteś tutaj ograniczony tylko do jednego sektora gospodarki światowej ani do okresów silnej koniunktury. Jako trader na rynku kontraktów terminowych możesz zarabiać pieniądze, gdy ceny idą w górę, a także gdy idą w dół.

Kontrakty Terminowe

Podstawą rynku transakcji terminowych jest kontrakt terminowy. Aby wejść na ten rynek, musisz zrozumieć czym jest kontrakt terminowy i jak działa. Zacznijmy od podstawowej definicji, a następnie przejdziemy do głębszego zrozumienia kontraktów i tego, jak możesz na nich zarabiać. Kontrakt terminowy to umowa pomiędzy kupującym a sprzedającym, w której sprzedający zgadza się dostarczyć kupującemu towar/instrument bazowy w określonym terminie za określoną cenę.

Kontrakty

Kupujący i sprzedający tworzą kontrakty terminowe. Na pierwszy rzut oka może się to wydawać dziwne, zwłaszcza jeśli miałeś styczność z handlem akcjami emitowanymi przez firmy, które same określają liczbę dostępnych akcji. Kontrakty terminowe różnią się od akcji na giełdzie. Podczas, gdy liczba dostępnych akcji na giełdzie jest skończona, liczba dostępnych potencjalnych kontraktów terminowych jest nieskończona. Dopóki istnieje kupujący i sprzedający, razem mogą stworzyć kontrakt terminowy.

Giełdy kontraktów terminowych śledzą liczbę tworzonych kontraktów i wyświetlają ich ilość w postaci wolumenu. Wolumen informuje o tym, ile kontraktów jest tworzonych dla każdego dostępnego towaru w każdym okresie handlowym. Dla przykładu, jeśli spoglądasz na kontrakt terminowy na gaz ziemny i widzisz wolumen w wysokości 75,000, to wiesz, że 75,000 kontraktów terminowych zostało utworzonych tego dnia na gaz ziemny.

Wolumen wiele może powiedzieć o tym, co dzieje się z kontraktem terminowym i ile osób nim handluje, ale nie daje jednocześnie pełnego obrazu, ponieważ nie cały wolumen pochodzi od traderów otwierających nowe transakcje. Znaczna część wolumenu jest generowana przez traderów, którzy są już w transakcjach i chcą z nich wyjść.

Osoby handlujące kontraktami terminowymi, którzy są w transakcji i chcą z niej wyjść, muszą stworzyć nowy kontrakt, aby zrównoważyć swój inny kontrakt.

Jako trader na kontraktach terminowych musisz być świadomy nie tylko tego, ile kontraktów zostało utworzonych, ale także ile z tych kontraktów pozostaje aktywnych. Wysoki wolumen i wysokie zainteresowanie otwartymi pozycjami to oznaki dobrej płynności na rynku, co oznacza, że szybkie wejście i wyjście z własnych transakcji powinno być dla Ciebie bardzo łatwe przy małym spreadzie między ceną kupna i sprzedaży. Niski wolumen i niski odsetek otwartych pozycji to oznaki słabej płynności na rynku, co oznacza, że najprawdopodobniej będzie Ci trudno szybko wejść i wyjść z transakcji po dobrej cenie.

Cena Kupna i Sprzedaży

Przyjrzyjmy się kupującym i sprzedającym kontrakty. Kontrakty terminowe są kwotowane w dwóch cenach: cenie kupna i cenie sprzedaży. Cena kupna to cena, którą otrzymujesz, gdy sprzedajesz swoje kontrakty terminowe. Cena sprzedaży to cena oferowana, gdy chcesz kupić kontrakty terminowe. Cena kupna zawsze jest inna od ceny sprzedaży, a różnicę między nimi nazywamy spreadem. Gdy kontrakt ma niski wolumen, spread między ceną kupna a ceną sprzedaży będzie duży. Kiedy kontrakt terminowy ma duży wolumen, spread między ceną kupna a ceną sprzedaży będzie niewielki. W

Twoim interesie jako tradera, nie tylko dla kontraktów terminowych, jest to, aby spread był jak najmniejszy.

Możesz być kupującym lub sprzedającym kontrakty terminowe. Rynek kontraktów terminowych zapewnia dużą elastyczność kupna i sprzedaży. Tak długo, jak po drugiej stronie jest ktoś, kto chce sprzedać kontrakt, który chcesz kupić, lub kupić kontrakt, który chcesz sprzedać, możesz utworzyć kontrakt.

Długie i Krótkie Pozycje

Dwa pojęcia, które często będziesz słyszeć, rozmawiając o kupnie i sprzedaży kontraktów terminowych to długie i krótkie pozycje. Pozycja długa to nic innego jak kupno kontraktu. Pozycja krótka oznacza sprzedaż kontraktu.

Z reguły osoby inwestujące w kontrakty terminowe szukają takiego kontraktu, gdy wierzą, że cena wzrośnie i chcą sprzedać kontrakt, gdy wierzą, że cena spadnie. Twoim zadaniem jako inwestora jest określenie, w jakim kierunku będzie się poruszać cena i handlować stosownie do tych przewidywań.

Ceny kontraktów terminowych zmieniają się codziennie, a niektóre giełdy kontraktów terminowych ograniczają odległość w jakiej niektóre kontrakty terminowe mogą się poruszyć w danym okresie handlowym. Kontrakty terminowe objęte regułą maksymalnej fluktuacji cen przestają być dostępne do handlu, gdy cena zbyt mocno się przesunie w jedną bądź drugą stronę.

Kontrakty terminowe mają również górne i dolne progi limitu. Gdy cena kontraktu terminowego pójdzie zbyt mocno w górę lub w dół, handel na tym kontrakcie zostanie zatrzymany na kilka minut, aby umożliwić giełdzie ustalenie, czy handel powinien być kontynuowany tego dnia, czy też powinien zostać zatrzymany, aby zapobiec panice na giełdzie.

Hedgingowcy i Spekulanci

Kupujący i sprzedający kontrakty terminowe są zwykle dzieleni na dwie grupy: hedgingowców i spekulantów.

Hedgingowcy to handlowcy, którzy wykorzystują kontrakty terminowe, aby zabezpieczyć się przed ryzykiem, koncentrując się na rzeczywistych towarach bazowych (np. rolnik produkujący pszenicę) i związanymi z nimi wahaniami cen.

Spekulanci to handlowcy, którzy wykorzystują kontrakty terminowe do spekulacji w celu osiągnięcia zysku na zmianach cen towarów bazowych. Spekulanci zazwyczaj NIE mają do czynienia z towarami bazowymi objętymi kontraktem terminowym w swojej codziennej działalności. Najprawdopodobniej będziesz należał do tej kategorii traderów na rynku kontraktów terminowych.

Spekulanci kupują kontrakty terminowe na towary, których wartość ich zdaniem wzrośnie, a sprzedają kontrakty terminowe na towary, których wartość ich zdaniem spadnie. Spekulanci odgrywają ważną rolę na rynku kontraktów terminowych. Zapewniają płynność hedgingowcom, którzy chcą zrównoważyć swoje ryzyko. Spekulanci podejmują ryzyko, kiedy wchodzą w transakcję. Mówiąc prościej, hedgingowcy przerzucają swoje ryzyko na spekulantów, którzy mają nadzieję na czerpanie korzyści z podejmowanego ryzyka.

Teraz, gdy masz już podstawową wiedzę na temat tego, kim są kupujący i sprzedający na rynku kontraktów terminowych, przyjrzyjmy się towarom, którymi handlują owi kupujący i sprzedający.

ROZDZIAŁ 2:
Kontrakty Terminowe Na Towary

Kontrakty Terminowe Na Towary

Gdy dana osoba myśli o rynku kontraktów terminowych na towary, to myśli o handlu kawą lub sokiem pomarańczowym. Chociaż towary te są przedmiotem obrotu na giełdach kontraktów terminowych, stanowią one mniejszą część aktywności handlowej. Obecnie na rynku kontraktów terminowych dominują kontrakty na ropę, gaz ziemny, stopy procentowe, zboża i inne towary.

Rynek kontraktów terminowych oferuje szeroką i zróżnicowaną gamę kontraktów, którymi możesz handlować. Możesz czerpać zyski ze spadających cen ropy, ale możesz też zarabiać na wzrostach kursów walut. Dostępne kontrakty terminowe można podzielić na dwie kategorie: kontrakty terminowe na towary i finansowe kontrakty terminowe.

Kontrakty terminowe na towary to kontrakty terminowe oparte na fizycznym towarze, który można pozyskiwać, uprawiać, wydobywać i transportować z miejsca na miejsce. Kontrakty terminowe na towary obejmują następujące sektory:

- Rolnictwo
- Metale Nieszlachetne
- Energetyka
- Mięso
- Metale Szlachetne
- Towary typu pszenica, kawa, itp.

Finansowe kontrakty terminowe to kontrakty terminowe oparte na produktach finansowych, takich jak obligacje i indeksy giełdowe. Finansowe kontrakty terminowe obejmują następujące sektory:

- Obligacje
- Waluty
- Krótkoterminowe Stopy Procentowe
- Indeksy Giełdowe

W każdym z tych sektorów znajdziesz kontrakty od cukru i soi warzywnej po srebro i miedź, a każdy kontrakt ma wyjątkową osobowość. W kolejnych rozdziałach omówimy kilka z tych sektorów oraz zawarte w nich kontrakty.

ROZDZIAŁ 3:
Daty Kontraktów, Giełdy i Depozyty Zabezpieczające

Daty Kontraktów

Każdy kontrakt terminowy ma określoną datę wygaśnięcia oraz określoną cenę, po której sprzedawca musi dostarczyć towar, a kupujący musi za niego zapłacić. Przyjrzymy się datom związanym z kontraktem, a następnie przyjrzymy się rzeczywistej dostawie towaru bazowego.

Kontrakty terminowe mają trzy kluczowe daty, z którymi należy się zapoznać: Data powiadomienia, Data wygaśnięcia, Data dostawy.

Data powiadomienia to pierwszy dzień, w którym sprzedawca kontraktu terminowego może przekazać kupującemu powiadomienie o kontrakcie w celu dostawy towaru bazowego. Dla przykładu, jeśli sprzedajesz kontrakt terminowy na surową miedź, możesz powiadomić nabywcę kontraktu, że będziesz dostarczać rzeczywistą miedź. W rzeczywistości jednak tego nie zrobisz, a zamiast tego zrównoważysz swoje kontrakty przed odebraniem dostawy.

Data wygaśnięcia to dzień wygaśnięcia kontraktu terminowego. Jest to również ostatni dzień handlowy dla kontraktu. Kontrakty terminowe wygasają co miesiąc, jednak nie każdy towar jest przedmiotem obrotu każdego miesiąca, niemniej zawsze w każdym miesiącu dostępne są niektóre kontrakty terminowe na towary. Musisz sprawdzić konkretny towar, którym handlujesz, aby zobaczyć, kiedy kontrakt na niego wygaśnie.

Każdy kontrakt terminowy ma unikalny symbol giełdowy, który informuje o tym, czym jest towar bazowy i kiedy wygasa kontrakt. Każdy symbol giełdowy jest podzielony na trzy części: oznaczenie instrumentu, miesiąc wygaśnięcia i rok wygaśnięcia. Dla przykładu symbol giełdowy dla kontraktu na ropę naftową, który wygasa w lipcu 2017 roku to CLN17. CL oznacza instrument, N oznacza miesiąc wygaśnięcia, 17 oznacza rok wygaśnięcia.

Fragmenty symbolu towaru odpowiadające za miesiąc znajdują się poniżej:

F	Styczeń
G	Luty
H	Marzec
J	Kwiecień
K	Maj
M	Czerwiec
N	Lipiec
Q	Sierpień
U	Wrzesień
V	Październik
X	Listopad
Z	Grudzień

Data dostawy to ostatni dzień, w którym towar bazowy musi zostać dostarczony od sprzedającego do kupującego. Data dostawy nazywana jest również datą rozliczenia. Sprzedający nie musi jednak czekać do terminu dostawy, aby dostarczyć towar. Sprzedawca może dostarczyć towar w dowolnym momencie w okresie dostawy, czyli w okresie od pierwszego powiadomienia do daty dostawy.

Nie musisz się martwić o dostarczenie lub otrzymanie towaru, którym handlujesz. Powinieneś zrównoważyć swoje pozycje przed wygaśnięciem kontraktów. W rzeczywistości większość traderów, zarówno spekulantów, jak i hedgingowców, równoważy swoje pozycje. Tylko niewielki procent kontraktów terminowych faktycznie jest dostarczany.

Ważne jest, aby wiedzieć, że istnieją dwa rodzaje dostawy kontraktów terminowych: dostawa fizyczna i dostawa rozliczana gotówkowo. Dostawa fizyczna następuje, gdy kupujący otrzymuje towar bazowy z kontraktu. Dostawa rozliczana gotówkowo ma miejsce, gdy zamiast próbować otrzymać składnik o wartości niematerialnej, taki jak S&P 500, kupujący otrzymuje ekwiwalent pieniężny o wartości aktywów bazowych.

W tej chwili posiadasz już niezbędne informacje, których potrzebujesz, aby zrozumieć, czym jest kontrakt terminowy. Przyjrzyjmy się zatem gdzie i jak możesz handlować kontraktami terminowymi.

Brokerzy Kontraktów Terminowych

Brokerzy kontraktów terminowych lub bank to Twoje główne portale dla rynku kontraktów terminowych. Twój broker kontraktów terminowych zapewnia dostęp do platformy transakcyjnej i konta, co pozwala Ci kupować i sprzedawać kontrakty. Broker zapewnia Ci również narzędzia, których będziesz potrzebować do sprawdzania i monitorowania swoich transakcji.

Giełdy Kontraktów Terminowych

Kiedy zawierasz transakcję, aby kupić lub sprzedać kontrakt, Twój bank lub broker wysyła tę transakcję na giełdę kontraktów terminowych w celu realizacji. W przeszłości Twoja transakcja byłaby wysyłana na parkiet giełdowy w celu pozyskania lub sprzedaży kontraktu. Traderzy na giełdzie negocjowaliby ceny, a Twoja transakcja byłaby wypełniona. Niektóre transakcje są nadal realizowane na fizycznych parkietach transakcyjnych, jednak wiele innych jest obecnie realizowanych elektronicznie. Złożone oprogramowanie łączy kupujących ze sprzedającymi i przeprowadza transakcje w ułamkach sekund. Postęp technologiczny sprawił, że trading stał się bardziej wydajny.

Oto lista niektórych giełd, na których możesz handlować:

Chicago Board of Trade (CBOT), przez ECBOT
Chicago Mercantile Exchange (CME), przez GLOBEX
New York Mercantile Exchange (NYMEX), przez GLOBEX
New York Board of Trade (NYBOT), przez ICE NYBOT
GLOBEX
Eurex
Euronext
ICE
Borsa Italiana
London International Financial Futures Exchange (LIFFE)
Spanish Official Exchange (MEFF)
OMX Stockholm (SSE)

Teraz, gdy już wiesz, gdzie możesz handlować kontraktami terminowymi, przyjrzyjmy się jak faktycznie zawierać transakcje.

Wymagania Dotyczące Depozytu Zabezpieczającego

Dla wielu, jednym z najtrudniejszych pojęć do zrozumienia jeśli chodzi o kontrakty terminowe jest pojęcie depozytu zabezpieczającego. Kiedy handlujesz kontraktem terminowym, nie płacisz z góry za pełną wartość towaru bazowego, tak jak w przypadku handlu akcjami. Zamiast tego zawierasz transakcję i deponujesz swój depozyt zabezpieczający u swojego brokera kontraktów terminowych, weryfikując przy tym czy masz wystarczającą ilość pieniędzy, aby pokryć wszelkie straty, jakie możesz ponieść na tej transakcji.

Dla przykładu, aby zakupić kontrakt terminowy na 1000 baryłek ropy naftowej, zamiast płacić z góry $50,000 za 1000 baryłek ropy (przy cenie $50 za baryłkę), będziesz potrzebować tylko $3500 na swoim koncie jako depozyt zabezpieczający. Pozwali Ci to przetrwać pewne straty, gdyby takowe się pojawiły.

Depozyt, który odkładasz na bok, gdy wchodzisz w transakcję, nazywa się Twoim początkowym depozytem zabezpieczającym. Po wykonaniu transakcji może nie być konieczne utrzymywanie tego samego poziomu depozytu zabezpieczającego. Gdy jesteś w transakcji, musisz tylko spełnić to, co nazywa się wymaganym depozytem zabezpieczającym, który w zależności od giełdy jest zazwyczaj niższy. Depozyt zabezpieczający to kwota pieniędzy, którą musisz odłożyć, aby pozostać w transakcji. W naszym przykładzie z ropą naftową wymagany depozyt zabezpieczający wyniesie tylko $3000, w porównaniu z wymaganym początkowym depozytem zabezpieczającym wynoszącym $3500.

Wymogi dotyczące depozytów zabezpieczających są ustalane przez izby rozrachunkowe kontraktów terminowych. Wymagania dotyczące depozytu zabezpieczającego również nie są stałe. Giełdy oraz izby rozrachunkowe mogą w dowolnym momencie dostosować minimalne wymagania dotyczące depozytu zabezpieczającego. Twój broker może podnieść swoje wymagania dotyczące depozytu zabezpieczającego, jeśli zechce. Twój broker może również wydać tak zwane wezwanie do uzupełnienia depozytu zabezpieczającego, jeśli poziom depozytu zabezpieczającego spadnie poniżej akceptowalnych wartości minimalnych w oparciu o straty, które odniosłeś na swoich transakcjach lub jeśli wzrosły wymagania dotyczące depozytu zabezpieczającego. Jeśli otrzymasz wezwanie do uzupełnienia depozytu zabezpieczającego, musisz wpłacić na swoje konto więcej pieniędzy, aby pokryć swoje zobowiązania.

Po spełnieniu wymagań dotyczących depozytu zabezpieczającego możesz wejść w transakcję. Możesz kupić lub sprzedać kontrakt terminowy za pomocą zlecenia zakupu lub sprzedaży po kursie dnia lub zlecenia z limitem ceny. Zlecenie rynkowe to zlecenie kupna lub sprzedaży, które instruuje Twojego brokera, aby dokonać transakcji po aktualnym kursie rynkowym. Zlecenie z limitem ceny to zlecenie kupna lub sprzedaży, które instruuje Twojego brokera, aby dokonać transakcji po określonej cenie lub lepszej.

Jeśli chcesz szybko wejść lub wyjść z transakcji i mieć pewność, że wchodzisz lub wychodzisz, powinieneś użyć zlecenia rynkowego. Jeśli nie masz nic przeciwko czekaniu na wejście lub wyjście z transakcji, aż cena będzie odpowiednia, możesz użyć zlecenia z limitem ceny, aby zagwarantować sobie pożądaną cenę.

ROZDZIAŁ 4:
Dostawcy Towarów

Ceny kontraktów terminowych rosną i spadają w różnych częściach roku. Ruchy wydają się płynąć w przewidywalnym rytmie, ceny wydają się zawsze rosnąć w określonych okresach roku i spadać w innych okresach roku. Niezależnie od tego, czy jest to wiosenna pora sadzenia surowców rolnych, letnie wakacje na niskim poziomie dla akcji, czy grudniowy popyt na metale szlachetne, zawsze wydaje się, że w kalendarzu jest coś, co wpływa na podaż i popyt na rynku.

Taki spadek i wzrost cen nie jest żadną ścisłą nauką. Wiele innych czynników niż sama sezonowość będzie miało wpływ na cenę kontraktu terminowego, ale wiedza o tym, w jaki sposób kontrakty terminowe, które obserwujesz w kalendarzu zmieniają swoją cenę może pomóc Ci zaplanować rok handlowy i przygotować się na przyszłe transakcje.

Aby pomóc Ci uzyskać szeroki przegląd Twojego kalendarza handlowego oraz tego jakie kontrakty terminowe warto kupować lub sprzedawać w danym momencie, omówimy charakterystykę czterech pór roku: zimy, wiosny, lata i jesieni.

Dostawcy

Zanim przejdziemy do pór roku, ważne jest, aby wiedzieć, kim są główni dostawcy każdego towaru, gdyż pomoże nam to lepiej zrozumieć, dlaczego zmiana pór roku wpływa na każdego z nich.

W dzisiejszej globalnej gospodarce konsumowane przez nas towary mogą pochodzić praktycznie z każdego miejsca na świecie. Często słyszymy o mega-ośrodkach gospodarczych, takich jak Stany Zjednoczone, Unia Europejska czy Chiny i zaczynamy myśleć, że wszystko, co kupujemy, pochodzi właśnie z tych miejsc. Jednak gdy masz do czynienia z surowymi towarami, nie zawsze jest to prawdą. Kraje takie jak Brazylia, Argentyna, Indie, a nawet Peru są dominującymi producentami wielu towarów, którymi handluje się na światowych rynkach kontraktów terminowych.

Kiedy myślisz o producentach towarów, zwłaszcza tych, które produkują towary rolne, ważne jest, aby pamiętać, na której półkuli się znajdują, ponieważ będzie to miało wpływ na cykle upraw. Kiedy na półkuli północnej jest lato, na półkuli południowej jest zima i odwrotnie.

Półkula Północna: To połowa Ziemi na północ od równika, która stanowi około 90% całkowitej populacji ludzi na Ziemi.

Półkula Południowa: To połowa Ziemi na południe od równika, która stanowi około 10% całkowitej populacji ludzi na Ziemi.

Przyjrzyjmy się trzem największym producentom każdego z następujących towarów: Energia, Metale Szlachetne, Rolnictwo.

Energia

Ropa Naftowa – Trzech największych światowych producentów ropy naftowej to:

1. Rosja
2. Arabia Saudyjska
3. Stany Zjednoczone

Gaz Ziemny – Trzech największych światowych producentów gazu ziemnego to:

1. Rosja
2. Stany Zjednoczone
3. Iran

Metale szlachetne

Złoto – Trzech największych światowych producentów złota to:

1. Chiny
2. Australia
3. Rosja

Srebro – Trzech największych światowych producentów srebra to:

1. Meksyk
2. Chiny
3. Peru

Rolnictwo

Soja – Trzej najwięksi światowi producenci soi to:

1. Stany Zjednoczone
2. Brazylia
3. Argentyna

Pszenica – Trzech największych światowych producentów pszenicy to:

1. Chiny
2. Indie
3. Rosja

Kukurydza – Trzech największych światowych producentów kukurydzy to:

1. Stany Zjednoczone
2. Chiny
3. Brazylia

Cukier – Trzech największych światowych producentów cukru to:

1. Brazylia
2. Indie
3. Chiny

Kawa – Trzech największych światowych producentów kawy to:

1. Brazylia
2. Wietnam
3. Kolumbia

Bawełna – Trzech największych światowych producentów bawełny to:

1. Chiny
2. Indie
3. Stany Zjednoczone

ROZDZIAŁ 5:
Sezonowość i Rynek Kontraktów Terminowych

Teraz, gdy już wiesz, kim są główni producenci każdego towaru, przyjrzyjmy się na co powinieneś zwrócić uwagę o każdej porze roku.

Styczeń, Luty i Marzec

Cukier

Zima na półkuli północnej to czas zbiorów trzciny cukrowej i buraków cukrowych. Zbiory trzciny cukrowej i buraków cukrowych mają zauważalny wpływ na podaż na rynku. Jeśli są to dobre zbiory, wzrośnie podaż, co powinno obniżyć cenę cukru. Jeśli zbiory są słabe lub niewielkie, podaż się zmniejszy, co normalnie powinno podnieść cenę cukru.

Kwiecień, Maj i Czerwiec

Ropa Naftowa

Ceny ropy naftowej zwykle zaczynają rosnąć na wiosnę, ponieważ producenci benzyny zaczynają przewidywać dobrze znany letni sezon jazdy w Stanach Zjednoczonych.

Kukurydza

Wiosna na półkuli północnej to czas *sadzenia* kukurydzy. Sezon sadzenia kukurydzy ma bezpośredni wpływ na podaż na rynku. Jeśli jest to mocny sezon sadzenia, podaż wzrośnie, co powinno skutkować spadkiem ceny kukurydzy. Jeśli sezon jest kiepski, podaż się zmniejszy, co powinno podnieść cenę kukurydzy.

Wiosna na półkuli południowej to czas *zbiorów* kukurydzy. Zbiór kukurydzy ma bezpośredni wpływ na podaż na rynku. Jeśli zbiory są dobre, wzrośnie podaż, co powinno obniżyć cenę kukurydzy. Jeśli są to słabe zbiory, podaż spadnie, co powinno podnieść cenę kukurydzy.

Bawełna

Wiosna na półkuli północnej to czas sadzenia bawełny. Sezon sadzenia bawełny ma bezpośredni wpływ na podaż na rynku. Jeśli jest to dobry sezon sadzenia, podaż wzrośnie, co powinno obniżyć cenę bawełny. Jeśli sezon jest kiepski, podaż się zmniejszy, co powinno podnieść cenę bawełny.

Soja

Wiosna na półkuli północnej to czas *sadzenia* soi. Sezon sadzenia soi ma bezpośredni wpływ na podaż na rynku. Jeśli jest to dobry sezon sadzenia, podaż wzrośnie, co powinno obniżyć cenę soi. Jeśli jest to słaby sezon sadzenia, podaż się zmniejszy, co powinno podnieść cenę soi.

Wiosna na półkuli południowej to czas *zbiorów* soi. Zbiory soi mają bezpośredni wpływ na podaż na rynku. Jeśli zbiory są dobre, podaż wzrośnie, co powinno obniżyć cenę soi. Jeśli są to słabe zbiory, podaż się zmniejszy, co powinno podnieść cenę soi.

Cukier

Wiosna na półkuli północnej to czas *sadzenia* trzciny cukrowej i buraków cukrowych. Sezon sadzenia trzciny cukrowej i buraków cukrowych ma bezpośredni wpływ na podaż na rynku. Jeśli jest to dobry sezon sadzenia, podaż wzrośnie, co powinno obniżyć cenę cukru. Jeśli jest to kiepski sezon sadzenia, podaż się zmniejszy, co powinno podnieść cenę cukru.

Jesień na półkuli południowej to czas zbiorów trzciny cukrowej i buraków cukrowych. Zbiory trzciny cukrowej i buraków cukrowych mają bezpośredni wpływ na podaż na rynku. Jeśli są to dobre zbiory, wzrośnie podaż, co powinno obniżyć cenę cukru. Jeśli są to słabe zbiory, podaż się zmniejszy, co powinno podnieść cenę cukru.

Lipiec, Sierpień i Wrzesień

Ropa Naftowa

Ceny ropy naftowej zwykle rosną najbardziej w sezonie letnim, ponieważ liczba kierowców na drogach wzrasta latem, a producenci zimowego oleju opałowego zwiększają swoje dostawy do sprzedaży na początku jesieni.

Pszenica

Lato na półkuli północnej to tradycyjny czas zbiorów pszenicy. Zbiory pszenicy mają bezpośredni wpływ na podaż na rynku. Jeśli są dobre zbiory, podaż wzrośnie, co powinno obniżyć cenę pszenicy. Jeśli zbiory są słabe, podaż się zmniejszy, co w normalnych warunkach powinno podnieść cenę pszenicy.

Kawa

Zima na półkuli południowej to czas zbiorów kawy. Zbiory kawy mają wyraźny wpływ na podaż na rynku. Jeśli są to obfite zbiory, zwiększy się podaż, co powinno obniżyć cenę kawy. Jeśli są to słabe zbiory, podaż się zmniejszy, co powinno podnieść cenę kawy.

Cukier

Zima na półkuli południowej to także czas zbiorów trzciny cukrowej i buraków cukrowych. Zbiory trzciny cukrowej i buraków cukrowych mają bezpośredni wpływ na podaż na rynku. Jeśli zbiory są obfite, podaż wzrośnie, co powinno obniżyć cenę cukru. Jeśli są to słabe zbiory, podaż spadnie, co powinno podnieść cenę cukru.

Październik, Listopad i Grudzień

Ropa Naftowa

Ceny ropy naftowej zwykle spadają najbardziej w miesiącach jesiennych, ponieważ ludzie zaczynają mniej jeździć. Ponadto ludzie mają tendencję do kupowania większości oleju opałowego na początku sezonu, pozostawiając mniejsze zapotrzebowanie na resztę sezonu.

Pszenica

Jesień na półkuli północnej to czas sadzenia pszenicy. Sezon sadzenia pszenicy ma bezpośredni wpływ na podaż na rynku. Jeśli jest to dobry sezon sadzenia, podaż wzrośnie, co powinno obniżyć cenę pszenicy. Jeśli jest to zły sezon sadzenia, podaż spadnie, co powinno podnieść cenę pszenicy.

Kukurydza

Jesień na półkuli północnej to czas zbiorów kukurydzy. Zbiór kukurydzy ma bezpośredni wpływ na podaż na rynku. Jeśli są dobre zbiory, wzrośnie podaż, co powinno obniżyć cenę kukurydzy. Jeśli są to słabe zbiory, podaż spadnie, co powinno podnieść cenę kukurydzy.

Bawełna

Jesień na półkuli północnej to czas zbiorów bawełny. Zbiory bawełny mają bezpośredni wpływ na podaż na rynku. Jeśli są to dobre zbiory, zwiększy się podaż, co powinno obniżyć cenę bawełny. Jeśli zbiory są słabe, podaż spadnie, co powinno podnieść cenę bawełny.

Soja

Jesień na półkuli północnej to czas zbiorów soi. Zbiory soi mają bezpośredni wpływ na podaż na rynku. Jeśli zbiory są dobre, podaż wzrośnie, co powinno obniżyć cenę soi. Jeśli są to słabe zbiory, podaż spadnie, co powinno podnieść cenę soi.

Cukier

Jesień na półkuli północnej to także czas *zbiorów* trzciny cukrowej i buraków cukrowych. Zbiory trzciny cukrowej i buraków cukrowych mają bezpośredni wpływ na podaż na rynku. Jeśli zbiory są obfite, podaż wzrośnie, co powinno obniżyć cenę cukru. Jeśli są to słabe zbiory, podaż spadnie, co powinno podnieść cenę cukru.

Wiosna na półkuli południowej to czas *sadzenia* trzciny cukrowej i buraków cukrowych. Sezon sadzenia trzciny cukrowej i buraków cukrowych ma bezpośredni wpływ na podaż na rynku. Jeśli jest to produktywny sezon sadzenia, podaż wzrośnie, co powinno obniżyć cenę cukru. Jeśli jest to słaby sezon sadzenia, podaż się zmniejszy, co powinno podnieść cenę cukru.

Kawa

Wiosna na półkuli południowej to czas na kawę. Okres kwitnienia kawy ma bezpośredni wpływ na podaż na rynku. Jeśli jest dobry okres kwitnienia, podaż wzrośnie, co powinno obniżyć cenę kawy. Jeśli jest to zły sezon kwitnienia, podaż spadnie, co powinno podnieść cenę kawy.

ROZDZIAŁ 6:
Handel Kontraktami Terminowymi z Wykorzystaniem Wielu Ram Czasowych

Handel Kontraktami Terminowymi z Wykorzystaniem Wielu Ram Czasowych

Rynki kontraktów terminowych na całym świecie są w stanie sprawnie funkcjonować, ponieważ podczas każdej sesji handlowej istnieje stały dopływ traderów, którzy chcą kupować kontrakty terminowe, podczas gdy inni inwestorzy chcą je sprzedać. Chęć kupna lub sprzedaży przez tradera zależy od jego strategii, celu i ram czasowych na wykresie. Traderzy krótkoterminowi i długoterminowi zobaczą na swoich wykresach bardzo różne rzeczy, ponieważ oglądają oni bardzo różne wykresy. Traderzy krótkoterminowi prawdopodobnie patrzą na wykresy 1-minutowe do 15-minutowych, podczas gdy traderzy długoterminowi prawdopodobnie patrzą na wykresy dzienne, tygodniowe lub miesięczne.

Trendy, linie wsparcia i oporu oraz wskaźniki techniczne wyglądają zupełnie inaczej na wykresie 5-minutowym niż na wykresie dziennym. Dla przykładu możesz spojrzeć na 5-minutowy wykres złota i zobaczyć, że cena wydaje się być w trendzie spadkowym. Jednak jeśli przełączysz ustawienia na wykres dzienny, możesz zauważyć, że cena od miesięcy znajduje się w trendzie wzrostowym.

Więc który wykres jest dokładniejszy? Czy złoto znajduje się w trendzie wzrostowym czy spadkowym? Odpowiedź brzmi, że oba wykresy są poprawne. Wszystko zależy od Twojej perspektywy i ram czasowych handlu. Jeśli jesteś traderem krótkoterminowym, powinieneś skupić się na wykresach i trendach krótkoterminowych. Jeśli jesteś traderem długoterminowym, powinieneś skupić się na długoterminowych wykresach i trendach. Jeśli jednak uda Ci się dopasować zarówno krótkoterminowe, jak i długoterminowe trendy to wówczas znacząco zwiększysz swoje szanse na sukces.

Aby uzyskać bardziej kompleksowe wyobrażenie o tym jakie trendy oraz siły wsparcia i oporu wpływają na śledzone przez Ciebie kontrakty terminowe, powinieneś przeanalizować następujące trzy wykresy (przedziały czasowe) w swojej analizie technicznej: Wykres Trendu (wykres długoterminowy), Wykres Sygnału , Wykres Czasu (wykres krótkoterminowy). Po przeanalizowaniu każdego przedziału czasowego możesz połączyć je wszystkie, aby potwierdzić dobre ustawienie prawdopodobieństwa dla transakcji.

Wykres Trendu

Wykres trendów, jak sama nazwa wskazuje, pomaga zidentyfikować dominujący trend, który powinieneś wykorzystać do tradingu. Jeśli cena na wykresie trendu ma tendencję wzrostową, powinieneś rozważyć zakup kontraktu terminowego. Jeśli cena na wykresie trendu ma tendencję spadkową, powinieneś dążyć do sprzedaży kontraktu terminowego.

Aby zidentyfikować ramy czasowe, których powinieneś użyć na wykresie trendów, musisz najpierw zidentyfikować ramy czasowe, których zwykle używasz na wykresach sygnałowych. Po zidentyfikowaniu ram czasowych na wykresie sygnałowym powinieneś uwzględnić inny przedział czasowy, aby znaleźć taki, którego powinieneś użyć na wykresie trendu.

Poniżej znajduje się lista wspólnych ram czasowych wykresu sygnałowego. Użyj jej, aby określić optymalne ramy czasowe dla wykresu trendu:

1-minutowy wykres sygnałowy	15-30-minutowy wykres trendu
5-minutowy wykres sygnałowy	1-godzinny wykres trendu
15-30-minutowy wykres sygnałowy	4-godzinny wykres trendu
1-godzinny wykres sygnałowy	1-dniowy wykres trendu
1-dniowy wykres sygnałowy	1-tygodniowy wykres trendu
1-tygodniowy wykres sygnałowy	1-miesięczny wykres trendu

Na przykład, jeśli zazwyczaj handlujesz kontraktami terminowymi, patrząc na wykres 1-godzinny, powinieneś użyć wykresu 1-dniowego jako wykresu trendu. Jeśli zazwyczaj handlujesz kontraktami terminowymi, patrząc na wykres 15-minutowy, powinieneś użyć wykresu 4-godzinnego jako wykresu trendu.

Po zidentyfikowaniu przedziału czasowego, którego powinieneś użyć dla wykresu trendu, powinieneś określić ogólny trend na wykresie za pomocą poziomów wsparcia i oporu lub średnich ruchomych.

Na wykresie tygodniowym dla dolara australijskiego widać, że ukośny poziom wsparcia wskazuje, że ten kontrakt terminowy znajduje się w trendzie wzrostowym.

Rysunek 1 – Wykres Trendu

Jeśli na wykresie trendu występuje trend wzrostowy, powinieneś szukać sygnałów wejścia do kupna na wykresie sygnałowym. Jeśli na wykresie trendu występuje trend spadkowy, powinieneś szukać sygnałów sprzedaży na wykresie sygnałowym. Po zidentyfikowaniu trendu musisz zidentyfikować opłacalne sygnały transakcyjne.

Jedną z wielu korzyści, z których będziesz czerpać przyjemność, korzystając z wielu ram czasowych w swoim tradingu jest to, że zobaczysz rynek kontraktów terminowych z perspektywy wielu różnych typów traderów. Patrząc zarówno na wykresy krótkoterminowe, jak i długoterminowe, będziesz bardziej świadomy tego, na co zwracają uwagę zarówno krótkoterminowi, jak i długoterminowi traderzy. Pomoże Ci to uniknąć zaskoczenia w wyniku nagłych ruchów cen.

Wykres Sygnałowy

Wykres sygnałowy jest Twoim najważniejszym wykresem. Zapewnia on transakcyjne sygnały wejścia, które mówią, kiedy szukać okazji do kupna i sprzedaży w oparciu o używaną strategię handlową. Na przykład, jeśli zazwyczaj używasz wskaźnika kanału towaru (CCI), aby pomóc sobie zidentyfikować sygnały transakcyjne, użyjesz go tutaj, na wykresie sygnałowym. Nie musisz używać wskaźnika na wykresie trendu lub wykresie czasu (zobacz rysunek 2).

Rysunek 2 – Wykres Sygnałowy

Korzystanie z wykresu sygnałowego w połączeniu z wykresem trendu umożliwia dokładniejszą identyfikację potencjalnie zyskownych sygnałów handlowych. Na przykład, jeśli Twój wykres trendu pokazuje, że cena jest w trendzie wzrostowym, powinieneś szukać tylko sygnałów kupna na wykresie sygnałowym. Najlepszym sposobem na skorzystanie z długoterminowego trendu wzrostowego jest zakup kontraktu terminowego. Jeśli Twój wykres trendu pokazuje, że cena jest w trendzie spadkowym, powinieneś szukać sygnałów sprzedaży na swoim wykresie sygnałowym. Najlepszym sposobem na skorzystanie z długoterminowego trendu spadkowego jest sprzedaż kontraktu terminowego.

W efekcie wykres trendu pozwala zignorować mniej dochodową połowę sygnałów transakcyjnych, które widzisz na wykresie sygnałowym. Ponieważ te sygnały transakcyjne są sprzeczne z długoterminowym trendem, najprawdopodobniej nie będą skuteczne.

Teraz, gdy już zidentyfikowałeś swoje sygnały transakcyjne, będziesz musiał dokładnie określić, kiedy wejść i wyjść z transakcji, korzystając z wykresu czasowego.

Wykres Czasowy

Wykres czasowy, jak sama nazwa wskazuje, pomaga dokładnie określić czas wejścia i wyjścia z transakcji. Każdy tik ma znaczenie, gdy inwestujesz w kontrakty terminowe, więc im dokładniej zidentyfikujesz swoje punkty wejścia i wyjścia, tym więcej pieniędzy powinieneś zatrzymać na swoim koncie.

Poniżej znajduje się lista wspólnych ram czasowych wykresu sygnałowego. Użyj jej, aby określić najbardziej odpowiednie ramy czasowe dla wykresu czasowego:

1-minutowy wykres sygnałowy	Tik na wykresie czasowym
5-minutowy wykres sygnałowy	1-minutowy wykres czasowy
15-30-minutowy wykres sygnałowy	5-minutowy wykres czasowy
1-godzinny wykres sygnałowy	15-minutowy wykres czasowy

1-dniowy wykres sygnałowy	1-godzinny wykres czasowy
1-tygodniowy wykres sygnałowy	1-dniowy wykres czasowy
1-miesięczny wykres sygnałowy	1-tygodniowy wykres czasowy

Możesz użyć jednej z dwóch poniższych metod, aby wskazać sygnały wejścia i wyjścia na swoich wykresach czasowych:

1. Możesz zidentyfikować trend oraz poziomy wsparcia i oporu

2. Możesz użyć tego samego wskaźnika technicznego, którego używasz do generowania sygnałów transakcyjnych

Zidentyfikuj trend oraz wsparcie i opór – Jeśli zobaczysz sygnał zakupu na wykresie sygnałowym, możesz spodziewać się, że cena będzie widoczna w trendzie wzrostowym na wykresie czasowym. W takiej sytuacji najprawdopodobniej cena kontraktu terminowego będzie bliższa wsparcia niż oporu. Mówi Ci to o tym, że kontrakt terminowy kieruje się na wzrost, zanim napotka opór. Pamiętaj, że jeśli cena właśnie przełamała opór, to będzie nadal poruszać się w górę.

Korzystanie ze wskaźników technicznych – Jeśli używasz wskaźnika technicznego, na przykład wskaźnika kanału towaru (CCI) na wykresie sygnałowym do generowania sygnałów handlowych, możesz użyć tego samego wskaźnika na wykresie czasowym, aby określić, kiedy wejść lub wyjść z transakcji.

Na przykład, jeśli rzeczywiście użyłeś wskaźnika CCI na swoim wykresie sygnałowym i dał Ci on sygnał kupna, to dodaj CCI do swojego wykresu czasowego i sprawdź czy również daje on sygnał kupna na wykresie czasowym. Jeśli CCI nie daje sygnału kupna na wykresie czasowym, powinieneś poczekać, aż da sygnał kupna na wykresie czasowym, zanim wejdziesz w transakcję (patrz **rysunek 3**).

Rysunek 3 - Wykres Czasowy

Ustawienia Handlu o Wysokim Prawdopodobieństwie

Przyjrzyjmy się, jak wygląda konfiguracja transakcji o wysokim prawdopodobieństwie przy użyciu podejścia do handlu z wieloma ramami czasowymi. Przyjrzymy się przykładowi ropy naftowej, używając wykresu tygodniowego jako wykresu trendu, wykresu dziennego jako wykresu sygnałowego oraz wykresu 1-godzinnego jako wykresu czasowego.

Najpierw powinieneś spojrzeć na wykres trendu, aby określić, w którym kierunku trendu znajduje się instrument. Jak widać na tygodniowym wykresie ropy naftowej, cena od pewnego czasu znajduje się w trendzie wzrostowym (patrz **rysunek 4**). Nierozsądnie byłoby walczyć z tym trendem i próbować sprzedać kontrakt terminowy.

Rysunek 4 – Wykres Trendu (Ustawienie Transakcji o Wysokim Prawdopodobieństwie)

Następnie powinieneś spojrzeć na wykres sygnałowy, aby zidentyfikować odpowiedni sygnał kupna dla ropy naftowej. W tym przykładzie patrzymy na użycie wskaźnika kanału towaru (CCI) do wygenerowania sygnału transakcyjnego. Na dziennym wykresie ropy widać, że CCI dał sygnał kupna 4 maja, przechodząc z poziomu poniżej –100 do powyżej –100. W tym samym czasie cena kontraktu terminowego również znajdowała się w trendzie wzrostowym (patrz **rysunek 5**).

Rysunek 5 – Wykres Sygnałowy (Ustawienie Transakcji o Wysokim Prawdopodobieństwie)

Na koniec powinieneś spojrzeć na wykres czasowy, aby określić odpowiedni moment na zakup ropy naftowej. Na wykresie 1-godzinnym widać, że cena rośnie i znajduje wsparcie wzdłuż trendu wzrostowego (patrz **rysunek 6**).

Rysunek 6 – Wykres Czasowy (Ustawienie Transakcji o Wysokim Prawdopodobieństwie)

Kiedy widzisz, że sygnał transakcyjny generowany na wykresie sygnałowym odpowiada zarówno trendowi na wykresie trendu, jak i ruchowi ceny na wykresie czasowym, powinieneś mieć dzięki temu pewność, że Twoja transakcja ma duże szanse na zysk.

Korzystanie z kilku przedziałów czasowych zapewnia dokładniejsze informacje tradingowe. Lepsze informacje zazwyczaj prowadzą do lepszych transakcji. Lepsze transakcje prowadzą do większych zysków i szczęśliwszego Ciebie.

ROZDZIAŁ 7:
Analiza Międzyrynkowa

Rynek kontraktów terminowych to najbardziej zróżnicowany globalny rynek finansowy. Podczas gdy żaden inny rynek finansowy nie może się równać z różnorodnością rynku kontraktów terminowych, inne rynki finansowe mają wpływ na rynek kontraktów terminowych. Dla przykładu rynek obligacji USA może wpływać na wartość kontraktu terminowego na indeks dolara amerykańskiego, tak jak japoński jen może wpływać na wartość kontraktu terminowego na Indeks Nikkei 225.

Aby odnieść sukces jako trader kontraktów terminowych, musisz rozpoznać relacje, które istnieją między światowymi rynkami finansowymi i zrozumieć, jak te relacje mogą wpływać na kontrakty terminowe, którymi handlujesz.

Czasami możesz otrzymać wczesne ostrzeżenie o tym, co wydarzy się na rynku kontraktów terminowych, obserwując, co dzieje się obecnie na innych rynkach finansowych. Na przykład, jeśli widzisz, że wartość pary walutowej AUD/USD szybko rośnie, możesz poszukać odpowiedniego wzrostu wartości kontraktu terminowego na złoto. Kiedy już wiesz, na co zwracać uwagę, możesz skorzystać z tych samych korelacji, które obserwują wielcy inwestorzy instytucjonalni. W tym rozdziale skupimy się na tym, jak następujące rynki wpływają na rynek kontraktów terminowych: Forex, Obligacje oraz Akcje.

Rynek Forex a Rynek Kontraktów Terminowych

Wzrost globalnego popytu na towary mocno ze sobą związał rynek kontraktów terminowych i rynek Forex. Praktycznie każdy kraj na świecie musi importować część konsumowanych przez siebie towarów. Aby kupić te towary, importerzy zazwyczaj muszą wymienić swoją walutę na walutę kraju, z którego importują owe towary. Ta transakcja powoduje wzrost popytu na walutę eksportera, podnosząc odpowiednio wartość tej waluty. Transakcja ta powoduje również wzrost podaży waluty importera, a zatem wartość tej waluty spada.

Trzy z głównych walut – Dolar kanadyjski (CAD), dolar australijski (AUD) i dolar nowozelandzki (NZD) są ściśle powiązane z wartościami towarów i mają na nie wpływ, ponieważ kraje te są głównymi eksporterami towarów. Wraz ze wzrostem ceny towarów wartość tych walut zazwyczaj rośnie. Wraz ze spadkiem cen towarów wartość tych walut zazwyczaj spada.

Każda z tych walut towarowych, znana wśród traderów Forex, jest skorelowana z innym towarem. Dla przykładu kontrakty terminowe na złoto są silnie skorelowane z dolarem australijskim. Wraz ze wzrostem ceny dolara australijskiego, wartość kontraktów terminowych na złoto również zazwyczaj wzrasta. Wraz ze spadkiem ceny dolara australijskiego spada również wartość kontraktów terminowych na złoto. Chociaż ta korelacja nie jest idealna, warto na nią zwrócić uwagę.

Traderzy kontraktów terminowych mogą również kupować i sprzedawać kontrakty terminowe, które bezpośrednio reprezentują same waluty. Możesz kupić kontrakt terminowy na dolara kanadyjskiego, jeśli uważasz, że ta waluta będzie zyskiwać na wartości. Możesz też sprzedać kontrakt terminowy na jena japońskiego, jeśli uważasz, że ta waluta będzie tracić na wartości. Zwracanie uwagi na to, co dzieje się na rynku Forex podczas sesji giełdowych może zatem prowadzić do większych zysków w handlu kontraktami terminowymi.

Rynek Obligacji a Rynek Kontraktów Terminowych

Globalny rynek obligacji jest drugim co do wielkości rynkiem finansowym na świecie. Rządy, instytucje i inwestorzy indywidualni aktywnie uczestniczą w globalnym rynku obligacji. Każdy z tych uczestników rynku szuka tego samego, czyli dochodowego zwrotu z inwestycji.

Obligacje rządowe stanowią największy odsetek światowego rynku obligacji. Obligacje te są zazwyczaj postrzegane jako inwestycje wolne od ryzyka, ponieważ są poparte pełną dobrą wolą i wiarą rządów krajowych. Jednak nie wszystkie obligacje rządowe są równe lub osiągają taką równość. Niektóre rządy płacą wyższe odsetki za swoje obligacje niż inne. Inwestorzy międzynarodowi biorą pod uwagę te stopy procentowe, gdy decydują, gdzie zainwestować swoje pieniądze. Zazwyczaj obligacje o wyższym oprocentowaniu są bardziej atrakcyjne dla inwestorów, o ile gospodarki, które je wspierają, są względnie stabilne.

Inwestorzy, którzy chcą kupić obligacje rządowe, muszą je kupić w walucie danego kraju. Jeśli międzynarodowi inwestorzy chcą kupić amerykańskie obligacje rządowe, muszą najpierw wymienić swoje waluty na dolary amerykańskie. Ten zwiększony popyt na dolary amerykańskie podnosi wartość kontraktu terminowego na indeks dolara amerykańskiego. Jednocześnie zwiększona podaż niektórych walut międzynarodowych na rynku obniża wartość kontraktów terminowych na te waluty.

Wiedza o tym, które rządy oferują wyższe oprocentowanie swoich obligacji rządowych, a także, które obligacje zyskują na popularności wśród międzynarodowych inwestorów, pomoże Ci określić, które kontrakty terminowe na walutę kupić, a które kontrakty terminowe na walutę sprzedać. Na szczęście dla traderów międzynarodowy rynek obligacji rzadko kiedy zmienia kierunek w sposób niemalże błyskawiczny. Zamiast tego zmienia się w długoterminowe i nieco przewidywalne trendy, które możesz wykorzystać.

Możesz również handlować kontraktami terminowymi na same obligacje rządowe. Jeśli zauważysz, że popyt na obligacje japońskie lub szwajcarskie rośnie, możesz kupić kontrakt terminowy na jedną z tych obligacji.

Rynek Akcji a Rynek Kontraktów Terminowych

Wydaje się, że inwestorzy indywidualni na całym świecie uważniej przyglądają się akcjom niż jakiemukolwiek innemu rynkowi. Akcje są ekscytujące, istnieją już od dawna i większość inwestorów indywidualnych może odnosić się do firm, których akcje kupują. Kiedy akcje osiągają dobre wyniki, pieniądze z całego świata napływają, aby kupić takie akcje. Kiedy akcje osiągają słabe wyniki, pieniądze wypływają, gdyż międzynarodowi inwestorzy sprzedają swoje akcje.

Osoby inwestujące w kontrakty terminowe mogą skorzystać z ogólnych wzrostów i spadków na giełdach na całym świecie, inwestując lub handlując kontraktami terminowymi reprezentującymi indeksy z głównych światowych rynków akcji. Dla przykładu, aby skorzystać z rosnącego rynku akcji we Francji, inwestor na kontrakty terminowe może kupić kontrakt terminowy na CAC 40. Podobnie, aby skorzystać ze spadającego rynku w Wielkiej Brytanii, inwestor na kontrakty terminowe może sprzedać kontrakt terminowy na FTSE 100.

Globalizacja ułatwiła także inwestorom z jednego kraju inwestowanie na giełdach innych krajów. Jeśli inwestorzy zobaczą, że akcje w Wielkiej Brytanii osiągają dobre wyniki, będą chcieli je kupić. Jeśli zobaczą, że akcje w Japonii zaczynają osiągać lepsze wyniki niż akcje w Europie, mogą przekierować swoje pieniądze z Wielkiej Brytanii i umieścić je w Japonii w nadziei na uzyskanie wyższych stóp zwrotu z inwestycji.

Akcje wyceniane są w walucie lokalnej. Aby zainwestować w akcje w Wielkiej Brytanii, zagraniczni inwestorzy muszą najpierw przeliczyć swoje waluty na funty brytyjskie. Ten zwiększony popyt na funty brytyjskie podnosi wartość kontraktów terminowych na funty brytyjskie. Ponieważ tak się dzieje, zwiększona podaż walut międzynarodowych na rynku, podaż nieproporcjonalna do popytu, obniża wartość kontraktów terminowych na te waluty.

Inwestorzy na kontrakty terminowe uważnie obserwują jak radzą sobie rynki akcji w głównych krajach. Jeśli giełda w jednym kraju zaczyna osiągać lepsze wyniki niż giełda w innym kraju, inwestorzy na kontrakty terminowe wiedzą, że inni inwestorzy prawdopodobnie rozważą przeniesienie swoich pieniędzy z kraju o słabszej giełdzie do kraju o silniejszej giełdzie. Spowoduje to wzrost wartości kontraktu terminowego reprezentującego walutę kraju o silniejszym rynku akcji. W tym samym czasie spadnie wartość kontraktu terminowego reprezentującego walutę kraju o słabszej giełdzie. Kupując kontrakt terminowy na walutę z kraju o silniejszej giełdzie i sprzedając kontrakt terminowy na walutę z kraju o słabszej giełdzie, możesz potencjalnie dobrze zarobić.

ROZDZIAŁ 8:
Strategie Oparte o Spread

Strategie Oparte o Spread

Traderzy na kontrakty terminowe nie ograniczają się do kupowania i sprzedawania jednego kontraktu terminowego, aby wykorzystać ruchy cenowe na rynku. Mają możliwość kupowania i sprzedawania kontraktów kompensacyjnych w tak zwanym handlu spreadami towarowymi.

Spready przybierają różne formy, ale wszystkie mają dwie wspólne cechy:

1. Stanowią zabezpieczenie przed niekorzystnym ruchem cen.

2. Mają one na celu wykorzystanie zmian relacji cenowych pomiędzy dwoma kontraktami terminowymi.

Spready zapewniają zabezpieczenie przed niekorzystnymi zmianami cen, ponieważ jednocześnie kupujesz i sprzedajesz kontrakty terminowe po wejściu w zabezpieczenie finansowe. Wraz ze wzrostem wartości jednego kontraktu spada wartość drugiego kontraktu. Dla przykładu, jeśli poniesiesz straty na kontrakcie terminowym, który kupiłeś jako część spreadu, możesz je częściowo zrekompensować zyskami, które zrealizujesz na kontrakcie sprzedanym jako część spreadu. I w drugą stronę, jeśli poniesiesz straty na kontrakcie terminowym, który sprzedałeś jako część spreadu, możesz je częściowo zrekompensować zyskami, które zrealizujesz na kontrakcie kupionym jako część spreadu.

Spready wykorzystują zmiany relacji cenowych. Wyobraź sobie na przykład, że widzisz kontrakty terminowe na ropę naftową sprzedawane na jednej giełdzie za $99 za baryłkę, a na innej giełdzie za $100 za baryłkę. Możesz wejść w transakcję na spreadzie, kupując kontrakt terminowy na ropę naftową, który był notowany po $99 za baryłkę i sprzedać kontrakt terminowy na ropę naftową, który był notowany po $100 za baryłkę. Jeśli te dwie ceny w końcu się zbiegną, osiągniesz zysk.

W tej części skupimy się na następujących trzech rodzajach transakcji na spready: Spready między dostawami, spready między towarami i spready między giełdami.

Spready Między Dostawami

Spread między dostawami to taki, w którym trader kupuje kontrakt terminowy z określonym miesiącem dostawy i jednocześnie sprzedaje ten sam kontrakt terminowy z innym miesiącem dostawy na tej samej giełdzie. Oto proste zobrazowanie:

Kontrakt Terminowy:	Taki Sam
Miesiąc Dostawy (Wygaśnięcia):	Inny
Giełda:	Ta Sama

Spready między dostawami są również czasami określane jako spready wewnątrzrynkowe lub spready kalendarzowe.

Na przykład, jeśli chcesz kupić lipcowy kontrakt na pszenicę w Chicago (w obrocie na giełdach Chicago Board of Trade lub CBOT), ponieważ uważasz, że ceny wzrosną w krótkim okresie, ale chcesz zabezpieczyć część swojej ekspozycji przed ewentualnymi spadkami, to możesz to osiągnąć kupując kontrakt na pszenicę lipcową i jednocześnie sprzedając kontrakt na pszenicę wrześniową. Jeśli cena pszenicy wzrośnie w krótkim okresie, cena kontraktu lipcowego na pszenicę prawdopodobnie wzrośnie szybciej niż cena kontraktu wrześniowego, co spowoduje, że zarobisz więcej pieniędzy na kontrakcie lipcowym niż stracisz na kontrakcie wrześniowym. Jeśli jednak cena pszenicy spadnie w krótkim terminie, cena kontraktu na pszenicę lipcową prawdopodobnie również spadnie szybciej niż cena kontraktu na pszenicę wrześniową, powodując utratę części pieniędzy na kontrakcie lipcowym, ale umożliwiając zrekompensowanie części Twoich strat zyskami z kontraktu wrześniowego.

Traderzy dzielą spready między dostawami na dwie kategorie: spready byka i spready niedźwiedzia. Spread byka to spread między dostawami, w którym kupujesz bliski kontrakt (kontrakt, który wygaśnie najwcześniej), a sprzedajesz kontrakt odroczony (kontrakt, który wygaśnie najpóźniej). Traderzy wykorzystują spready bycze, gdy wierzą, że ceny wzrosną w bliskiej przyszłości.

Powyższy przykład kupna lipcowego kontraktu na pszenicę i sprzedaży odpowiednika z września jest dobrym przykładem spreadu byka.

Spread niedźwiedzi to spread między dostawami, w którym sprzedajesz bliski kontrakt i kupujesz kontrakt na późniejszy miesiąc. Traderzy wykorzystują spready niedźwiedzia, gdy uważają, że ceny spadną w bliskiej przyszłości.

Dla przykładu, jeśli chcesz sprzedać lipcowy kontrakt na pszenicę, ponieważ uważasz, że ceny spadną w krótkim okresie, ale chcesz zabezpieczyć część swojej ekspozycji na wypadek ewentualnego wzrostu, to możesz to osiągnąć sprzedając kontrakt na pszenicę lipcową i jednocześnie kupując kontrakt na pszenicę wrześniową. Jeśli cena pszenicy spadnie w krótkim okresie, cena kontraktu lipcowego na pszenicę prawdopodobnie spadnie szybciej niż cena kontraktu wrześniowego, co spowoduje, że zarobisz więcej pieniędzy na kontrakcie lipcowym niż stracisz na kontrakcie wrześniowym. Z drugiej strony, jeśli cena pszenicy wzrośnie w krótkim okresie, cena kontraktu lipcowego na pszenicę prawdopodobnie również wzrośnie szybciej niż cena kontraktu wrześniowego, powodując, że stracisz trochę pieniędzy na kontrakcie lipcowym, ale pozwoli Ci to zrekompensować część strat zyskami z kontraktu wrześniowego.

Spready Między Towarami

Spread między towarami to spread, w którym trader kupuje kontrakt terminowy z określonym miesiącem dostawy i jednocześnie sprzedaje inny, ale powiązany kontrakt terminowy z tym samym miesiącem dostawy na tej samej giełdzie. Oto proste zobrazowanie:

Kontrakt Terminowy:	Inny
Miesiąc Dostawy (Wygaśnięcia):	Ten Sam
Giełda:	Ta Sama

Wyobraź sobie ponownie, że chcesz kupić lipcowy kontrakt na pszenicę w Chicago, ponieważ uważasz, że ceny pójdą w górę w krótkim okresie, ale chcesz zabezpieczyć część swojej ekspozycji przed ewentualnymi spadkami. Jednak obecnie nie widzisz żadnej przewagi cenowej w korzystaniu ze spreadu między dostawami. Zamiast tego decydujesz się na stosowanie spreadu między towarami i zabezpieczasz się przed ryzykiem (w wyniku zakupu lipcowego kontraktu na pszenicę), sprzedając lipcowy kontrakt na kukurydzę w Chicago.

Pszenica i kukurydza to dwa różne towary, ale są ze sobą powiązane. Oba mają stosunkowo podobne okresy wegetacyjne, oba są zbożami i oba są ważne dla globalnej podaży żywności. Teraz jednak uważasz, że cena pszenicy będzie rosła szybciej niż cena kukurydzy. Aby skorzystać z tej rozbieżności cenowej decydujesz się na zakup kontraktu na lipcową pszenicę i sprzedaż kontraktu na lipcową kukurydzę. Jeśli cena pszenicy w krótkim terminie wzrośnie szybciej niż cena kukurydzy, cena kontraktu lipcowego na pszenicę prawdopodobnie wzrośnie szybciej niż cena kontraktu lipcowego na kukurydzę, co pozwoli Ci zarobić więcej pieniędzy na kontrakcie lipcowym na pszenicę niż stracisz na lipcowym kontrakcie na kukurydzę. Z drugiej strony, jeśli cena pszenicy spadnie w krótkim okresie szybciej niż cena kukurydzy, cena kontraktu lipcowego na pszenicę prawdopodobnie również spadnie szybciej niż cena kontraktu lipcowego na kukurydzę, co spowoduje, że stracisz trochę pieniędzy na kontrakcie lipcowym na pszenicę, ale zrekompensujesz sobie część strat zyskami z lipcowego kontraktu na kukurydzę.

Spready Między Giełdami

Spread między giełdami to spread, w którym trader kupuje kontrakt terminowy z ustalonym miesiącem dostawy i jednocześnie sprzedaje ten sam kontrakt terminowy z tym samym miesiącem dostawy na innej giełdzie. Oto proste zobrazowanie:

Kontrakt Terminowy:	Ten Sam
Miesiąc Dostawy (Wygaśnięcia):	Ten Sam
Giełda:	Inna

Spready między giełdami są również czasami określane jako spready międzyrynkowe. Wyobraź sobie, że chcesz kupić lipcowy kontrakt na pszenicę w Chicago, ponieważ uważasz, że ceny wzrosną w krótkim okresie, ale chcesz również zabezpieczyć część swojej ekspozycji przed ewentualnymi spadkami. Jednak zamiast zabezpieczać się za pomocą spreadu między dostawami lub spreadu między towarami, decydujesz się na użycie spreadu między giełdami, zabezpieczając swój długi lipcowy kontrakt na pszenicę w Chicago krótkim lipcowym kontraktem na pszenicę w Kansas City (w obrocie na giełdzie Kansas City Board of Trade).

Pszenica w Chicago i pszenica w Kansas City są dość podobne. Jeśli jeden kontrakt jest notowany po wyższej cenie niż ten drugi, możesz kupić kontrakt notowany po niższej cenie i sprzedać kontrakt notowany po wyższej cenie. Robiąc tak, kupujesz tanio i sprzedajesz drogo. Jeśli te dwie ceny w końcu zbiegną się jeszcze raz, osiągniesz zysk.

ROZDZIAŁ 9:
Dywersyfikacja

Dywersyfikacja

Dywersyfikacja to praktyka rozkładania funduszy na szeroki zakres niepowiązanych inwestycji. Tak jak trener piłki nożnej strategicznie rozmieszcza swoich zawodników na boisku, aby czerpać korzyści ze zmian w grze i wykorzystywać słabości przeciwnika, powinieneś starać się strategicznie umieścić swoje pieniądze na rynku kontraktów terminowych, aby być przygotowanym na czerpanie zysków z dowolnego sektora rynkowego, który może zacząć się poruszać w jedną bądź drugą stronę.

Dywersyfikacja może pomóc ochronić Twój portfel tradingowy przed nagłymi i dużymi stratami. Powiedzmy, że gdybyś wziął wszystkie swoje pieniądze i kupił kontrakty terminowe na ropę naftową tylko po to, aby zobaczyć jak cena ropy spada w ciągu jednego dnia, to wyczyszczenie Twojego konta nie wymagałoby zbyt dużej ilości czasu. A teraz wyobraź sobie, że wziąłbyś część swoich pieniędzy i kupił kilka kontraktów terminowych na ropę naftową, kilka kontraktów terminowych na kukurydzę, kilka kontraktów terminowych na S&P 500 i kilka kontraktów terminowych na złoto. Wówczas nawet jeśli cena ropy dramatycznie by spadła, powodując utratę pieniędzy na tym kontrakcie, nadal będziesz mieć trzy inne kontrakty, na które zmiana ceny ropy nie wpłynęła.

Oczywiście nie powinieneś inwestować w losowe kontrakty terminowe tylko po to, aby zdywersyfikować swoje konto. Musisz zawsze wierzyć, że transakcje, których dokonujesz mogą okazać się zyskownymi. Powinieneś jednak rozłożyć ryzyko na wiele atrakcyjnych transakcji.

Dywersyfikacja ma różne formy i rozmiary. W tym rozdziale przyjrzymy się dwóm sposobom na zyskowną dywersyfikację Twojego konta: Dywersyfikację Towarową oraz Dywersyfikację Strategiczną.

Dywersyfikacja Towarowa

Być może najbardziej oczywistą i prostą formą dywersyfikacji jest dywersyfikacja między różnymi towarami. Jak wspomniano, szanse na to, że jednocześnie stracisz pieniądze na kontrakcie na ropę, kontrakcie na kukurydzę, kontrakcie na S&P 500 i kontrakcie na złoto, są niskie. Na te kontrakty terminowe nie wpływają te same siły rynkowe. I odwrotnie, niektóre kontrakty terminowe są ze sobą ściśle powiązane. A jeśli inwestujesz tylko w ściśle powiązane kontrakty terminowe, możesz stracić pieniądze na każdym kontrakcie. Na przykład ropa naftowa i gaz ziemny są blisko powiązane, kukurydza i pszenica są blisko powiązane, indeksy S&P 500 i FTSE 100 są blisko powiązane, podobnie jak a złoto i srebro.

Traderzy, którzy dokonują optymalnej dywersyfikacji towarów rozkładają swoje transakcje na różne sektory kontraktów terminowych. Następujące sektory gospodarki tworzą kategorię kontraktów terminowych na towary:

- Rolnictwo

- Metale Nieszlachetne

- Energetyka

- Mięso

- Metale Szlachetne

- Towary typu pszenica, kawa, itp.

Następujące sektory tworzą kategorię finansowych kontraktów terminowych:

- Obligacje

- Waluty

- Krótkoterminowe Stopy Procentowe

- Indeksy Giełdowe

Jako inwestor na rynku kontraktów terminowych masz zatem do wyboru wiele sektorów kontraktów terminowych. Nie musisz się ograniczać tylko do jednego lub dwóch z tych sektorów. Możesz handlować kontraktem w sektorze papierów wartościowych, sektorze obligacji, sektorze energetycznym i sektorze rolnym, dywersyfikując tym samym swoje ryzyko.

Oczywiście przed dokonaniem jakiejkolwiek transakcji należy przeprowadzić dokładną analizę. Pamiętaj, nie powinieneś dokonywać dywersyfikacji poprzez zakup przypadkowych kontraktów terminowych tylko ze względu na ich różnorodność. Zawsze powinieneś mieć powód dla którego kupujesz lub sprzedajesz dany kontrakt terminowy.

Jeśli dopiero zaczynasz handlować kontraktami terminowymi, może minąć trochę czasu, zanim poczujesz się komfortowo z handlem kontraktami ze wszystkich sektorów i jest to całkowicie normalne. Nie ma żadnej presji, aby handlować wszystkim, a na początku najważniejsza jest koncentracja i po prostu próbowanie.

Dywersyfikacja Strategiczna

Dywersyfikacja dotyczy nie tylko tego, które kontrakty terminowe zdecydujesz się kupić i sprzedać, ale także tego, w jaki sposób zdecydujesz się kupić lub sprzedać te kontrakty. Dywersyfikacja strategiczna może być tak samo ważna dla Twojego ogólnego sukcesu jako inwestora w kontrakty terminowe, jak dywersyfikacja towarowa.

W tej książce poznałeś wiele różnych strategii tradingowych. Nauczyłeś się handlować z formacjami cenowymi, handlować ze wskaźnikami technicznymi i handlować różnymi strategiami spreadów. Teraz nadszedł czas, aby zacząć korzystać z tych różnych strategii.

Dla przykładu, jeśli patrzysz na różne sektory rynku, ponieważ chcesz utrzymać zdrową dywersyfikację towarów, to możesz zauważyć, że kontrakty terminowe w jednym z sektorów (np. na metale szlachetne) poruszają się na boki, podczas gdy kontrakty terminowe w jednym z pozostałych sektorów rynku (np. w sektorze energetycznym) poruszają się w górę w silnym trendzie wzrostowym. Oczywiście, możesz zdywersyfikować swoje konto i kupić niektóre kontrakty w sektorach metali szlachetnych i niektóre kontrakty w sektorze energetyki, osiągając dzięki temu wysoki poziom dywersyfikacji towarów, ale czy to naprawdę najskuteczniejszy sposób na wykorzystanie Twoich pieniędzy w tych transakcjach?

Kupowanie kontraktów w sektorze energetycznym to prawdopodobnie dobry pomysł, ponieważ kontrakty te są obecnie w trendach wzrostowych. Jednak kupowanie kontraktów w sektorach metali szlachetnych wydaje się stratą czasu, ponieważ te kontrakty poruszają się na boki czyli zmieniają swoją cenę nieznacznie w jedną bądź drugą stronę. Być może bardziej efektywnym wykorzystaniem Twoich pieniędzy byłoby wdrożenie strategii spreadów, takiej jak spread między dostawami, która wykorzystuje kontrakty terminowe, które poruszają się na boki. W ten sposób nie tylko upewnisz się, że osiągniesz pożądany poziom dywersyfikacji towarów, ale także upewnisz się, że korzystasz z odpowiedniej strategii handlowej dla tego, co obecnie daje Ci rynek. Spróbuj wziąć pod uwagę aspekty tego podejścia podczas handlu kontraktami terminowymi. Jeśli okaże się, że jedna strategia nie działa, wypróbuj inną. Ogranicza Cię tylko Twoja wyobraźnia i kreatywność.

Jeśli potrafisz zdywersyfikować swój trading pozyskując wiele kontraktów terminowych i wdrożyć kilka różnych strategii handlowych, aby wykorzystać wszelkie okoliczności, jakie rzuca na Ciebie rynek, przekonasz się, że jesteś na dobrej drodze do stania się odnoszącym sukcesy traderem na rynku kontraktów terminowych.

ROZDZIAŁ 10:
Fundusze ETF

Fundusze ETF to fundusze inwestycyjne, którymi handluje się na giełdach. Chociaż nie są to inwestycyjne fundusze wzajemne, to oferują one wszystkie korzyści płynące z dywersyfikacji, które można by czerpać z handlu funduszami powierniczymi. Fundusze ETF korzystają również ze wszystkich korzyści płynących z płynności, jakie daje obrót pojedynczymi akcjami. Mówiąc prościej, fundusze ETF to fundusze, którymi handluje się tak samo jak akcjami.

ETF-y oferują natychmiastową dywersyfikację, ponieważ kupując ETF, kupujesz część funduszu, który zawiera wiele aktywów. ETF-y są jak duża pula aktywów, w której zarządzający funduszami umieszczają różne aktywa, takie jak akcje, obligacje i towary. Kupując ETF, kupujesz hurtową własność puli i jej zawartości jako całości, a nie fragmentaryczną własność indywidualnej zawartości.

Na ETF możesz zarabiać pieniądze. Wraz ze wzrostem wartości aktywów w puli rośnie również ogólna wartość puli. I w drugą stronę, wraz ze spadkiem wartości aktywów w puli zmniejsza się również ogólna wartość puli. Innymi słowy, gdy aktywa w ramach ETF zwiększają wartość, wartość ETF wzrasta, a gdy aktywa w ramach ETF tracą wartość, wartość ETF spada.

Natychmiastowa Dywersyfikacja

Fundusze ETF dają możliwość jednoczesnego posiadania wielu aktywów bez konieczności kupowania każdego z nich osobno.

Wyobraź sobie jak duże mogłyby być koszty transakcyjne, które skumulowałyby się i kapitał, który musiałbyś mieć na swoim koncie, gdybyś musiał kupować każdą akcję w ramach indeksu S&P 500 osobno.

Dywersyfikacja może również pomóc ochronić Cię przed niesystematycznym ryzykiem. Na przykład, jeśli posiadasz tylko jedną z akcji w indeksie Nikkei 225 i ta akcja traci na wartości, stracisz pieniądze na swojej inwestycji. Jeśli jednak posiadasz cały indeks Nikkei 225 za pośrednictwem funduszu ETF i ta sama akcja spada, masz wokół niej 224 inne akcje, które prawdopodobnie zapewnią, że wartość całego indeksu albo pozostanie stabilna, albo wzrośnie.

Wiele najpopularniejszych funduszy ETF śledzi indeksy z całego rynku. Oto kilka przykładów:

S&P 500

Dow Jones Industrial Average

FTSE 100

Indeks DAX

Nikkei 225

Indeks FTSE/Xinhua China 25

NASDAQ 100

Indeks CAC 40

Wiele funduszy ETF śledzi również różne sektory rynku, takie jak:

Technologia Informacyjna

Energetyka

Materiały

Przemysł

Telekomunikacja

Usługi Komunalne

Opieka Zdrowotna

Finanse

Trading Na Otwartym Rynku

ETFy są przedmiotem swobodnego obrotu na giełdach, tak jak zwykłe akcje. Tak długo, jak otwarte są giełdy, na których transakcji dokonują ETF-y, możesz kupić lub sprzedać dowolny ETF. Jest to przewaga nad funduszami inwestycyjnymi.

Fundusze powiernicze zazwyczaj są przedmiotem obrotu dopiero na koniec dnia rynkowego, gdy wszystkie aktywa w ramach funduszu mogą zostać wycenione. W tym momencie fundusze oraz ich składniki uzyskują wartość zamknięcia na dany dzień i możesz kupować lub sprzedawać takie fundusze po wartości zamknięcia. Niestety, w dni handlowe, kiedy aktywa w funduszach tracą na wartości, musisz trzymać je do końca dnia, niezależnie od tego, jak wiele fundusze tracą na wartości. Podsumowując, niezależnie od tego, czy widzisz wzrost lub spadek wartości ETF w ciągu dnia handlowego, możesz kupić lub sprzedać ETF, aby skorzystać z ruchu cen.

Możesz chronić swoje transakcje ETF, ustawiając zlecenia stop loss. Ponieważ fundusze ETF są przedmiotem swobodnego obrotu, możesz ustawić zlecenia stop-loss, które mogą spowodować wycofanie się z transakcji w ciągu dnia rynkowego, gdy zostanie osiągnięta wcześniej ustalona cena. Gdybyś handlował funduszami inwestycyjnymi w celu uzyskania dywersyfikacji, nie miałbyś tej możliwości, ponieważ możesz kupować lub sprzedawać fundusze inwestycyjne tylko na koniec dnia handlowego po zamknięciu rynków. Nie miałoby więc znaczenia, czy Twoja cena aktywacji zlecenia stop-loss została osiągnięta w ciągu dnia rynkowego, ponieważ i tak nie będziesz w stanie wyjść z transakcji.

Zlecenia Stop-Loss

Zlecenia Stop-Loss umożliwiają wdrożenie odpowiednich środków zarządzania ryzykiem na Twoim koncie. W związku z tym możesz jednocześnie chronić swój kapitał inwestycyjny zarówno poprzez dokonywanie dywersyfikacji, jak i zlecenia stop-loss.

Niższe Opłaty

Kiedy dajesz swoje pieniądze menedżerowi, aby je zainwestował, zwykle musisz zapłacić temu menedżerowi opłatę. Zazwyczaj im bardziej aktywna rola menedżera w podejmowaniu decyzji inwestycyjnych, tym większą opłatę będziesz musiał uiścić. ETF-y zazwyczaj mają niższe opłaty, ponieważ są zarządzane pasywnie, w przeciwieństwie do wielu funduszy, w tym aktywnie zarządzanych funduszy inwestycyjnych.

Wiele funduszy ETF śledzi określony indeks, sektor rynku i tak dalej. Ponieważ skład większości indeksów giełdowych i sektorów akcji prawie się nie zmienia, zarządzający większością funduszy ETF często nie muszą zmieniać zasobów w ramach funduszu. W konsekwencji, ponieważ menedżerowie Ci nie odgrywają tak aktywnej roli, pobierana jest od Ciebie niższa opłata.

Z drugiej strony większość zarządzających funduszami inwestycyjnymi każdego dnia podejmuje decyzje dotyczące tego, jakie aktywa zamierzają dodać do swoich portfeli, jakie aktywa będą trzymać w ich portfelach i jakie aktywa zamierzają usunąć ze swoich portfeli. To aktywne zarządzanie i generowane przez nie opłaty transakcyjne zwiększają opłaty, które menedżerowie funduszy inwestycyjnych pobierają od swoich klientów.

PODSUMOWANIE

Bardzo Ci dziękuję za dotrwanie do końca książki 'Strategie Handlu Kontraktami Terminowymi'. Mam nadzieję, że stanowiła dla Ciebie świetną dawkę wiedzy i dostarczyła Ci narzędzi, których potrzebujesz, aby osiągnąć swoje cele tradingowe przy użyciu kontraktów terminowych i zarabiania na nich pieniędzy.

Następnym krokiem jest przetestowanie swoich umiejętności w tradingu i zbudowanie kapitału, dzięki któremu będziesz mógł dokonywać dodatkowych transakcji. Da Ci to motywację, której potrzebujesz, aby odnieść sukces.

Napisałem kilka innych książek na temat różnych aspektów tradingu i klas aktywów, koniecznie je sprawdź!

PROFIL AUTORA

Wayne **Walker** jest dyrektorem globalnej firmy zajmującej się edukacją i doradztwem w zakresie rynków kapitałowych (gcmsonline.info). Posiada wieloletnie doświadczenie w szkoleniu i kierowaniu zespołami Doradców Inwestycyjnych oraz zarządzaniu zespołami osiągającymi najlepsze wyniki w Grupie Klientów Prywatnych w oparciu o Benchmark Dochodów (BME).